El Señor te bendiga y te guarde;
El Señor haga brillar su rostro sobre ti,
Y ten piedad de ti;
El Señor alce su rostro sobre ti,
Y darte paz.

~ Números 6: 24-26

Jaxon y Dinosaurios Tiempo Compartido... Explorando Amigos

Michael Luther
con
shELAH...
Lahcen Belkimite

© 2020
Editorial: Your Backyard Media
shELAH
Centerville, TN 37033

Coordinador de publicación
y diseñador de portada: Lahcen Belkimite

Consultor de portada: Randall Sandefur

Editores: Erin Murphy Anderson
B.J. alias Scanner Eyes

Traductora: Maria C. Cline

Editorial: ybymedia@gmail.com

Dragones como Dinosaurios

"Dinosaurio"
no se convirtió en una palabra oficial hasta 1841.
A lo largo de la historia,
gente llamó a estas gigantescas creaciones "dragones",
una palabra que la Biblia usa 21 veces en el Antiguo Testamento
y 12 en Apocalipsis. El libro de Job
habla de criaturas como Behemoth and Leviathan.

La palabra hebrea "Behemoth"
significa "bestia gigantesca".
El término hebreo liv-yah-thahn
se traduce como "Leviatán",
un enorme "monstruo" marino
que una vez vivió en los océanos.

"Así que Dios creó...
cada cosa viviente que se mueve
...Y Dios vio que era bueno".
~ Génesis 1:21

Eso significa que Dios te creó...
a mí...
Dinosaurios
y nuestros amigos....

Jaxon con Familia

Jaxon (Amante de los dinosaurios)

Gabriel (hermano de Jaxon)

Mamá (Melina), Papá (Merle) y Jaxon
Esperando a Gabriel

A Jaxon, con Mucho Amor ...

Jaxon, desde el momento en que naciste dos meses prematuro, luchaste para vivir y triunfar en este mundo. Tu abuela, "Moppy", y yo, tu abuelo "Poppy", esperamos ver cómo tocará la vida de quienes lo rodean a medida que crezca. Tu madre, Melina, mi hija, me dice que esperas tus clases de la Escuela Dominical y aprender acerca de Dios; que oras seriamente por los demás y sus necesidades.

Alienta a su familia, sus maestros, sus compañeros de clase y sus amigos.

Cuando tú y Gabriel, tu hermano menor, mi otro nieto, crezcan juntos, él te verá con tus amigos. Aprenderá sobre las amistades y sobre ser un amigo. Rezo para que tú y Gabriel no solo se amen como hermanos, sino también como amigos.

No solo aprecio tu amor por los dinosaurios, sino también tu amor por la familia y los amigos. Lo más importante, amas a Dios. Estoy agradecido de que tu mamá y tu papá, Merle, sirva a Jesús y le haya presentado a Él, le pido que a medida que crezca, como Jesús, aumente "en sabiduría y estatura, y en favor de Dios y los hombres [personas]" (Lucas 2:52, NKJV).

Dedico este libro, Jaxon & Dinosaurs Tiempo Compartido... Explorando Amigos, un trabajo de amor, a ti, Jaxon, mi primer nieto.

~Tu súper orgulloso Poppy

Pensamientos de la Mamá de Jaxon

Jaxon, mi precioso primogénito, cuyo nombre significa "regalo de Dios", me recuerda cada día que no preocuparme por las cosas pequeñas. De Jaxon, he aprendido que Dios y su plan son más grandes que cualquier obstáculo que pueda tratar de bloquear nuestro camino. Además de que Jaxon muestra diariamente su creatividad, inteligencia e imaginación intrépida, tres de sus rasgos más fuertes, tiene una capacidad increíble para trabajar / resolver acertijos.

 A Jaxon le gusta caminar, jugar en el patio de recreo, nadar, aprender letras y números, sacar libros de la biblioteca, visitar museos para niños y jugar con Gabriel, su hermano menor. Él demuestra el verdadero significado del amor fraternal mientras se asegura de que Gabriel se mantenga a salvo y fuera de peligro. Toca los corazones de los demás mientras ayuda a sus amigos a probar cosas nuevas... nuevas experiencias.

 Jaxon ama a los dinosaurios.

 Él ama a Dios y reza cada día.

 Yo, al igual que otros, necesitamos una persona como Jaxon en nuestras vidas que nos dé pequeños empujones para vivir la vida confiando en Dios para vencer las barreras. Día a día, mientras Jaxon demuestra el plan más grande de Dios, agradezco a nuestro Padre Celestial por sus preciados regalos... para la familia... para Poppy y Moppy, para Merle... para Gabriel... para Jaxon.

~ Melina Luther Messick

11 Dinosaurios más Pteranodon y Leviatán

1. Tyrannosaurus, también conocido como T-Rex
2. Apatosaurus como Brontosaurus
3. Brachiosaurus
4. Estegosaurio
5. Spinosaurus
6. Triceratops
7. Pteranodon
8. Ankylosaurus
9. Diplodocus
10. Parasaurolophus
11. Allosaurus
12. Utahraptor
13. Leviatán

Din-o-saur*
significa "lagarto terrible"
Algunos dicen que "rugirían".
A veces, los amigos pueden "rugir" y equivocarse.
Pero los amigos se ayudan mutuamente a "ser" mejores.
No llevan la cuenta.

*saur = palabra Griega

Tyrannosaurus, también conocido como T-Rex

> Para tener amigos, primero debes ser amigable. Cuando tratas a los demás como quieres que te traten, te conviertes en un verdadero amigo.

Apatosaurus como Brontosaurus

A veces, cuando los amigos se van,
te sientes mal porque tienes que quedarte.
Pero cerca o lejos,
en cualquier momento o lugar...
los amigos pueden rezar el uno por el otro.

Braquiosaurio

Mis patas delanteras son mucho más largas que las traseras, opuestas a las del Diplodocus. A veces, los amigos pueden discutir, pero los amigos están de acuerdo en que se necesitan mutuamente.

Estegosaurio

Alguien me llamó "cerebro de nuez".
Bueno o malo, un nombre es un nombre.
A través del sol, nieve, aguanieve o lluvia,
los amigos permanecen... amables el uno con el otro.
Los amigos no los llaman malos nombres.

Spinosaurus

Oh sí, soy malo...
A veces, como yo, los amigos pueden enojarse.
Algunas cosas pueden ponerlos tristes.
Pero, un amigo que se preocupa puede
ayudarlos a sentirse "mejor".

Triceratops

Cuando los amigos me miran,
no solo miran mi exterior.
Ven lo que hay dentro de mi corazón.
Un amigo ama a un amigo...
no solo cuando las cosas van bien,
sino en todo momento.

Pteranodon

Puedo volar, pero incluso si lo intento
para hacer algunas cosas, no puedo.
A veces lo que intentas hacer "No funciona".
¿Y qué? Solo hazlo bien
y sé lo mejor que puedas.
Confia en Dios hacer lo demas.

Ankylosaurus

A veces, los amigos comparten secretos "ok"
pero algunas cosas tienen que ser contadas.
Si alguien amenaza, "Mejor no lo digas",
entonces, deberías...
decirle a alguien en quien confías.

Diplodocus

No tenía dientes en la parte posterior de mi boca para masticar, así que tragué piedras para moler mi comida. Algunos amigos no comen las mismas cosas, pero aún pueden comer juntos.

Parasaurolophus

La Biblia dice que no juzgues solo por el aspecto de una persona. Otros pueden "verse" extraños y diferentes... pero Dios arriba, Quien hizo dinosaurios, te ama, a ellos y a mí.

Allosaurus

Los amigos hacen que los buenos
momentos sean aún mejores.
Hacen malos tiempos no tan malos.
Si a veces te sientes excluido,
los amigos pueden ayudarte
a sentirte contento.
Te recuerdan que tú importas.

Utahraptor

Algunos amigos piensan que soy feo...
Necesitan saber que Dios me ama.
1 Juan 4: 7-8 dice amarse unos a otros.
Feo... bonito... bajo o alto:
todos necesitamos amigos que nos amen.

Leviatán

La Biblia dice:
Hijos, obedezcan a sus padres...
"Jesús obedeció a sus padres.
Él dijo: "Sígueme...".
Jesús llama a sus seguidores, "Amigos".

Recuerda...

1. Para tener amigos, sea amigable.
2. A veces los amigos no pueden quedarse, pero pueden rezar el uno por el otro.
3. Los amigos a veces no están de acuerdo, pero aceptan ser amigos.
4. Los amigos no los llaman malos nombres.
5. Un amigo que se preocupe puede ayudarlo a sentirse "mejor".
6. Los amigos se aman en todo momento.
7. Haz lo correcto y sé tu mejor.
8. Hay que contar algunos "secretos".
9. Los amigos pueden comer cosas diferentes pero aún pueden comer juntos.
10. Dios hizo a cada amigo único.
11. Los amigos te recuerdan que tú importas.
12. Feo... bonito... bajo o alto: todos necesitamos amigos que nos amen.
13. Jesús dijo: "Sígueme...". Él llama a sus seguidores, "Amigos".

Más sobre Dinosaurios... Creaciones de Dios...

1. Tyrannosaurus, también conocido como T-Rex (tirano lagarto) tie-RAN-oh-sore-us:
T. Rex, un dinosaurio tiránico (feroz) mide aproximadamente 39 pies de largo y pesaba casi siete toneladas. Este dinosaurio podría morder con más fuerza que cualquier otro animal terrestre (uno que viva en el suelo).

2. Apatosaurus (lagarto engañoso) ah-PAT-oh-sore-us:
En un momento conocido como Brontosaurus, este dinosaurio probablemente creció hasta alcanzar 70-90 pies de largo. El cuello del Apatosaurus, se alzaba sobre su cuerpo ancho mientras usaba su cola de 50 pies de largo como un látigo para comunicarse o defenderse.

3. Braquiosaurio (lagarto del brazo) BRAK-ee-oh-sau-rio
Las largas patas delanteras del cuello Braquiosaurio se parecen a las de una jirafa. Según los informes, este dinosaurio creció tan alto como un edificio de cuatro pisos. Braquiosaurio comió hojas en árboles y plantas altas parecidas a árboles.

4. Estegosaurio (lagarto plateado o de techo) E-STEG-oh-SAU-rio:
Este dinosaurio herbívoro tenía una cabeza pequeña y un cerebro del tamaño de una ciruela. Un estegosaurio no usaría su cola con púas para matar a otros animales para comer, pero usaría esta parte del cuerpo para defenderse de los depredadores como el Allosaurus.

5. Spinosaurus (lagarto espinoso) SPINE-oh-SORE-us:
Aunque más delgado que T. Rex, este dinosaurio era el más grande, malo y bullicioso de los dinosaurios carnívoros de su época. Un Spinosaurus no solo podía correr, también podía nadar.

6. Triceratops (cara de tres cuernos) tri-SERRA-tops:
Con sus tres cuernos y un pico similar a un loro, Triceratops podría protegerse de atacantes como Tyrannosaurus. También tenía un gran volante que podía crecer hasta casi tres pies de ancho. Parte de un fósil de Triceratops muestra que uno de sus cuernos había sido mordido. Las marcas de mordida coincidían con Tyrannosaurus.

7. Pteranodon (volante sin dientes) teh-RAN-oh-don:
Pteranodon, no un dinosaurio, tenía alas de 9 a 20 pies de ancho. Incluso sin

dientes, comieron cangrejos, peces, insectos y cadáveres de otros animales. Pteranodon podría haber pesado 55 libras. Podían volar pero también caminaban.

8. Ankylosaurus (lagarto fusionado) an-KIE-loh-saur-us:
Debido a que sus huesos del hombro se fusionaron, Ankylosaurus podría haberse movido como un robot. Ankylosaurus tenía enormes placas de armadura corporal y un garrote al final de su cola masiva que podría generar suficiente fuerza para romper huesos de atacantes.

9. Diplodocus (doble haz) DIP-low DOCK-us:
Diplodocus viajaban juntos en pequeños rebaños. Usaron sus dientes con forma de lápiz, que se encuentran solo frente a sus mandíbulas, para despojar y comer hojas de las plantas y de los árboles. Diplodocus tenía una cola en forma de látigo y podía crecer hasta 92 pies de largo.

10. Parasaurolophus (lagarto casi crestado) pa-ra-saw-ROL-off-us:
Este herbívoro, dinosaurio herbívoro, podría caminar sobre dos de sus patas o las cuatro. Parasaurolophus creció hasta aproximadamente 31 pies de largo y pesó alrededor de 2.7 toneladas.

11. Allosaurus (lagarto extraño o diferente) AL-oh-saw-russ:
Este dinosaurio carnívoro probablemente comió otros dinosaurios más pequeños. Sus dientes largos y aserrados crecían hasta tres pulgadas de largo y, como cuchillos de carne, podían cortar carne. Allosaurus puede haber cazado en pequeños grupos para dominar a sus presas.

12. Utahraptor (ladrón de Utah) YOO-tah-RAP-tor:
Utahraptor, un cazador feroz, usó sus garras en forma de hoz (unas 9.5 pulgadas de largo) para matar a su presa y cortarla para comer. Utahraptor caminó sobre dos pies.

13. Leviatán (monstruo marino; no un dinosaurio) li-VAHY-uh-thuh n:
Levitán usó sus dientes para matar y comer su comida. Los versículos en la Biblia que se refieren a esta "creación" nos recuerdan que no importa cuán grandes nos parezcan, ninguna de las criaturas de Dios, incluido Leviatán... nada se compara con Él, su Creador.

La amistad no se trata
a quien conociste hace más tiempo,
se trata de quién entró en tu vida,
dijo "Estoy aquí por ti"
y lo demostró ".
~ Desconocido

Dios hizo eso por ti ...
para mi...
para sus amigos
Le dio a su Hijo
Jesucristo,
morir por nuestros pecados
así que eso
"Cualquiera que"
cree en él
puede tener vida eterna
~ Juan 3:16

Nota final de Michael Luther:

Además, recuerde, los amigos hacen un punto para "estar agradecidos". Agradezca a Dios por Sus regalos para usted... para sus amigos y familiares..., Agradezca a sus amigos y familiares por las cosas que hacen por usted. Cuando cierro la "realización de este libro", digo: "Gracias, shELAH..., gracias, Lahcen Belkimite...". Gracias por caminar conmigo en el camino para ver Jaxon y los dinosaurios compartiendo el tiempo... Explorando Amigos crecer de una idea a una realidad. No solo estoy agradecido por ti y mis otros amigos y familiares, le agradezco a Dios por ti.

"Gracias, Padre Celestial", le digo, "por tus preciosos regalos; por tu gracia".

www.ingramcontent.com/pod-product-compliance
Lightning Source LLC
Chambersburg PA
CBHW040106120526
44588CB00040B/2934